만화로 보는 가정교회

만화로 보는 가정교회

지은이 · 신문수
초판 발행 · 2014. 9. 30
9쇄 발행 | 2024. 3. 14.
등록번호 · 제3-203호
등록된 곳 · 서울특별시 용산구 서빙고로 65길 38
발행처 · 사단법인 두란노서원
영업부 · 2078-3333 FAX 080-749-3705
출판부 · 2078-3331

책 값은 뒤표지에 있습니다.
ISBN 978-89-531-2096-9 03230

편집부에서 독자의 의견을 기다립니다.
tpress@duranno.com   http://www.Duranno.com

두란노서원은 바울 사도가 3차 전도여행 때 에베소에서 성령 받은 제자들을 따로 세워 하나님의 말씀으로 양육하던 장소입니다. 사도행전 19장 8-20절의 정신에 따라 첫째 목회자를 돕는 사역과 평신도를 훈련시키는 사역, 둘째 세계선교(TIM)와 문서선교(단행본·잡지) 사역, 셋째 예수문화 및 경배와 찬양 사역, 그리고 가정·상담 사역 등을 감당하고 있습니다. 1980년 12월 22일에 창립된 두란노서원은 주님 오실 때까지 이 사역들을 계속할 것입니다.

만화로 보는
가정교회

글·그림 　신문수
감수 　　최영기

두란노

추천의 글

가정교회는 신약교회를 회복하는 것이 목표입니다. 저희 꿈꾸는교회는 10년 전 가정교회로 전환하여 많은 은혜를 경험하고 있습니다. 그 은혜를 몇 가지 소개하면, 예비신자(VIP) 전도가 된다는 것입니다. 이는 전도 프로그램을 통해서 이루어지는 것이 아닙니다. 성도들의 삶 속에서 전도가 이루어지는 것입니다. 교회를 시작할 때에는 전도하지 않고도 부흥이 되길 바랐습니다. 아주 자연스러운 생각이었습니다. 그러나 이젠 그 생각이 달라졌습니다. 기존 신자 영입보다는 예비신자 전도에 초점을 맞추고 있습니다. 성도들도 전도에 대한 마음을 갖고 있으며, 전도하려고 애를 씁니다.

또 하나는 평신도 일꾼이 세워지고 있다는 것입니다. 평신도들이 목자와 목녀(목자의 아내) 사역을 자랑스럽게 생각하고, 목자와 목녀가 되길 소원하고 있습니다. 처음엔 목자와 목녀의 사역을 부담으로 여겼지만 지금은 이것이 얼마나 귀한지 알기에 행복해 하고 있습니다. 그러다 보니 새신자들이 교회 등록을 하게 되면 자연스럽게 목자와 목녀 사역을 하고자 합니다.

그리고 교회가 따뜻해졌습니다. 성도들이 행복하다고 합니다. 섬김 때문입니다. 수고와 희생이 들어간 사랑 때문입니다. 그래서 목장이 좋고, 교회가 좋다고 말합니다.

무엇보다도 성도들이 변해 가고 있습니다. 목장에서 나눔을 통해 치유와 회복을 경험합니다. 교회에서 드리는 연합예배를 통해 성령님의 임재를 경험합니다. 부부 관계가 좋아지고, 부모와 자녀의 관계가 좋아지고, 성도들과의 관계도 좋아집니다. 게다가 기도 응답과 하나님의 축복을 경험하면서 행복한 신앙생활을 합니다.

앞으로 10년 후를 내다보면 가슴이 설렙니다. 어떻게 달라질까, 얼마나 변화하고 성숙할까, 어떤 열매들이 있을까 기대됩니다.

이런 가정교회를 쉽게 이해할 수 있도록 가정교회에 대해 만화로 표현해 주신 신문수 집사님께 감사합니다. 신 집사님이 하나님께서 주신 귀한 은사로 가정교회를 위해 쓰임을 받으니 담임목사로서 얼마나 기쁘고 감사한지 모릅니다. 신 집사님의 《만화로 보는 가정교회》가 가정교회 전파와 가정교회로 전환하려는 교회들에게 큰 도움이 되리라 확신합니다. 이미 많은 교회들이 단편적으로 신 집사님의 만화를 사용하고 있는 줄 압니다만 이번 책이 가정교회를 종합적으로 이해하는 데 유익한 책이 될 것입니다.

박창환 (꿈꾸는교회 담임목사)

프롤로그

지금도 가끔 생각나는 나의 관포지교가 있습니다. 고(故) 고우영 화백입니다. 그 친구와 저는 비슷한 시기에 암 수술을 했습니다. 그런데 약 10년 전 그 친구는 먼저 세상을 떠났습니다. 그 친구의 죽음 앞에서 많은 생각을 하게 되었습니다.
'앞으로 나의 남은 삶을 어떻게 살아야 할 것인가?'
'나는 하나님 앞에 설 준비가 되어 있는가?'
그때 마침 꿈꾸는교회가 가정교회로 전환한 시기여서, 담임목사님으로부터 가정교회에 대해 쉽게 이해할 수 있는 만화를 그려줄 수 있겠느냐는 부탁을 받았습니다.

저는 50여 년간 만화가로서 왕성한 활동을 해오고, 많은 작품도 남겼지만 하나님을 위해 한 일은 없었습니다. 그래서 이 일이 제가 하나님께 받은 달란트를 하나님 나라를 위해 사용할 수 있는 기회라고 생각했습니다. 그리고 한 주 한 주 주보에 만화를 연재하게 되었습니다. 10년이라는 짧지 않은 시간 동안 가정교회에 대한 만화를 그리면서 참 행복했습니다. 은혜도 많이 받았습니다. 하나님의 일에 힘쓰니 저에게 건강의 축복도 주셨습니다.
교회에 대해서 아무것도 몰랐던 제가 지금은 '하나님이 꿈꾸시는 교회는 이런 것이겠구나!', '하나님이 기뻐하시는 신앙생활은 이런 것이겠구나!' 조금은 이해할 수 있게 되었습니다.

한 번에 스토리를 생각하고 그린 것이 아니라 10년 동안의 작품을 모은 것이기 때문에 스토리의 연결이 매끄럽지 않을 거라 생각합니다. 하지만 이 책이 가정교회를 이해하기 원하고, 건강한 교회, 하나님이 원하시는 '신약교회'를 회복하기 원하는 목회자들과 성도들에게 꼭 필요한 책이 되었으면 좋겠습니다.

저를 하나님의 자녀가 될 수 있도록 교회로 인도해 준 사랑하는 나의 아내 김정자 권사에게 감사의 말을 전합니다. 귀한 말씀과 삶의 본으로 이끌어 주신 박창환 목사님께 감사의 말을 전합니다. 그리고 이 책이 출간되기까지 함께 수고해 주신 '꿈꾸는교회' 편집팀 김병태 장로님, 노광숙 장로님, 여혜진 목자님께도 감사드립니다.
그동안 만화 작업 아이디어를 위해 수고해 주셨던 이병옥 목사님과 신동혁 목사님 그리고 매주 만화에 대한 아이디어를 주고받으며 출간을 위해 힘써 주신 이성은 목사님께 감사드립니다. 모든 영광을 하나님께 올려드립니다.

2014년 9월
신문수

감수자의 글

가정교회가 무엇인지 궁금해 하는 사람들이 있습니다. 목회자들 가운데는 새로운 목회 방법이 아닌가 생각하는 분들이 있고, 성도들 가운데는 가족끼리 모여서 드리는 예배가 아닌가 생각하는 분들이 있습니다.

그러나 가정교회는 한 마디로 신약교회입니다. 가정교회 성도들이 추구하는 것은 신약 성경에 기록되어 있는 교회를 21세기에 재현해 보자는 것입니다. 즉, 신약교회를 회복하는 것이 가정교회 성도들의 목표입니다.
"가정교회가 성경적인 교회를 회복하는 것이다"라고 말하면 거부감을 느끼는 분들이 있습니다. 그래서 "가정교회만 성경적인 교회냐? 일반 교회는 성경적인 교회가 아니라는 말이냐?"고 말합니다.
물론 그런 의미는 아닙니다. 그러나 일반 교회의 조직이나 활동이 성경에서 시작되기는 했지만, 오랜 세월을 거치면서 이론과 관행이 끼어들어, 성경에 기록된 교회 모습과 많이 달라져 있다는 것은 인정하지 않을 수 없을 것입니다.

가정교회의 핵심가치는 '성경대로 살아보자'입니다. 이 말도 거부감을 일으키기 쉬운 말입니다. "가정교회 성도들만 성경대로 살고, 가정교회가 아닌 성도들은 성경대로 살지 않는다는 말이냐?"고 반박할 수 있습니다. 물론 아닙니다. 가정교회 성도가 '성경대로 산다'고 말할 때는 단순하게 성경을 이해하고, 단순하게 순종한다는 의미입니다. 성경이 그렇다면 그런 줄 알고, 아니라면 아닌 줄 알고, 성경이 하라면 하고, 하지 말라고 하면 안 하는 것입니다. 가정교회가 가정에서 매주일 모이고, 남녀가 같이 모이고, 모여서 같이 식사를 하는 것은, 신약교회 성도들이 그렇게 했기 때문입니다.

> "그들은 사도들의 가르침에 몰두하며, 서로 사귀는 일과 빵을 떼는 일과 기도에 힘썼다"(행 2:42).

> "집집이 돌아가면서 빵을 떼며, 순전한 마음으로 기쁘게 음식을 먹고, 하나님을 찬양하였다"(행 2:46-47).

신약교회 성도들이 했던 그대로 우리도 해보자는 것이 가정교회입니다. 성경에 단순하게 순종하며, 신약교회 모습을 흉내 내려 노력하니까, 신약교회의 파워가 나타나기 시작하는 것을 봅니다. 깨어진 인생과 가정이 회복되고, 사람들의 삶이 변화되고, 교인들이 교회 생활로 인해 행복하다는 고백을 합니다. 이러한 모습에 매력을 느껴서 비신자들이 찾아오고 영혼 구원의 역사가 일어납니다.

〈로봇찌빠〉, 〈도깨비 감투〉 등으로 유명한 신문수 화백이 섬기는 꿈꾸는 교회가 가정교회로 전환할 때, 박창환 담임목사님의 요청으로 가정교회에 대한 이해를 돕기 위한 만화를 그리기 시작했습니다. 처음에는 꿈꾸는교회 교인들을 위해 시작했는데, 많은 가정교회 목회자들이 이 만화를 보고는 자신들의 교회에서도 사용할 수 있게 해 달라고 요청해 오기 시작했습니다. 그러다가 이번에 두란노를 통해 이 만화들을 묶어 책으로 출간하게 되었습니다.

10년 동안 그린 만화들을 모았기 때문에 내용의 흐름이 자연스럽지 못한 면도 있고, 20년에 걸쳐 가정교회가 변화, 발전해 왔기 때문에 수정해야 할 부분도 눈에 띄었습니다. 그래서 만화 원고를 상세히 살펴 잘못된 것을 바로 잡고, 없어도 좋을 부분은 빼고, 새로운 내용은 첨가해서 원고를 완성했습니다. 이를 위해 꿈꾸는교회의 이성은 부목사님이 많은 수고를 했습니다.

이 책을 통해 많은 분들이 가정교회에 관한 궁금증을 풀면 좋겠습니다. 또 많은 목회자들이 신약교회가 21세기에도 구현 가능하다는 희망을 품으면 좋겠습니다. 이미 가정교회로 전환한 교회에서는 이 책을 새로 등록하는 분들에게 선물로 주면 좋을 것입니다. 그러면 이들이 가정교회에 쉽게 적응하고, 신약교회 회복의 동역자로 빠르게 서게 될 것입니다.

2014년 9월

최영기(목사, 국제가정교회사역원 원장)

가정교회(House Church)란?

가정교회는

셀그룹이나 소그룹이 아니고 신약적 은유교회를 추구합니다. 따라서..

① 매주 모인다
　（행20：7）

② 남녀가 같이 모인다
　（롬16：3-5）

③ 신자와 비신자가 같이 모인다
　（고전14：23-25）

가정교회 핵심가치는 신약교회의 회복

가정교회 네 개의 기둥

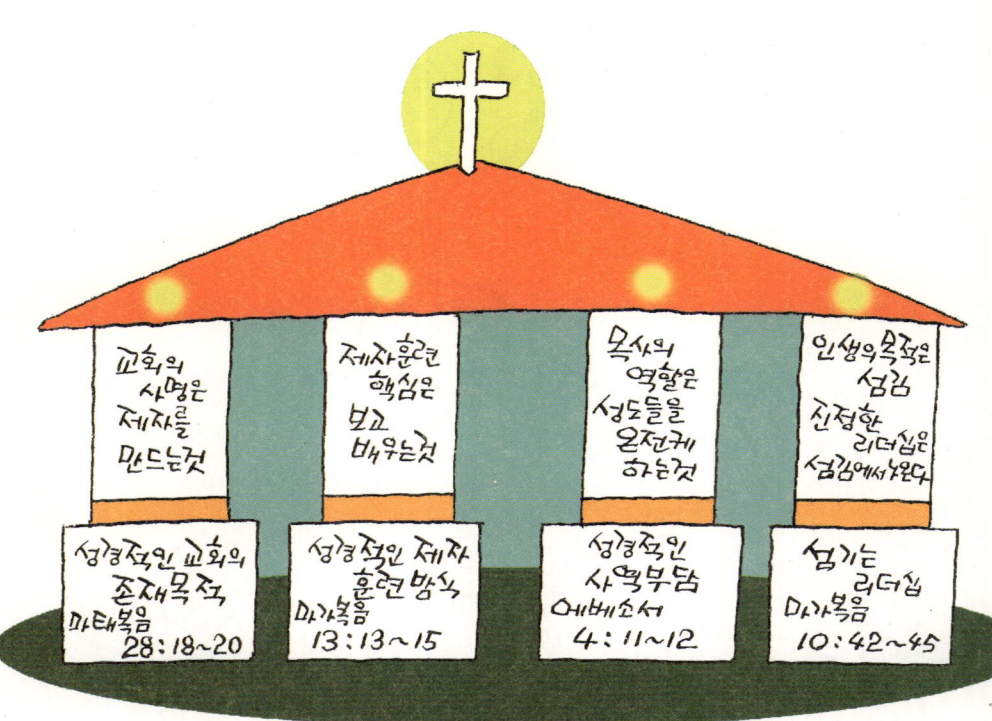

영혼구원에 집중

교회의 존재 목적

성경적인 제자훈련이란...

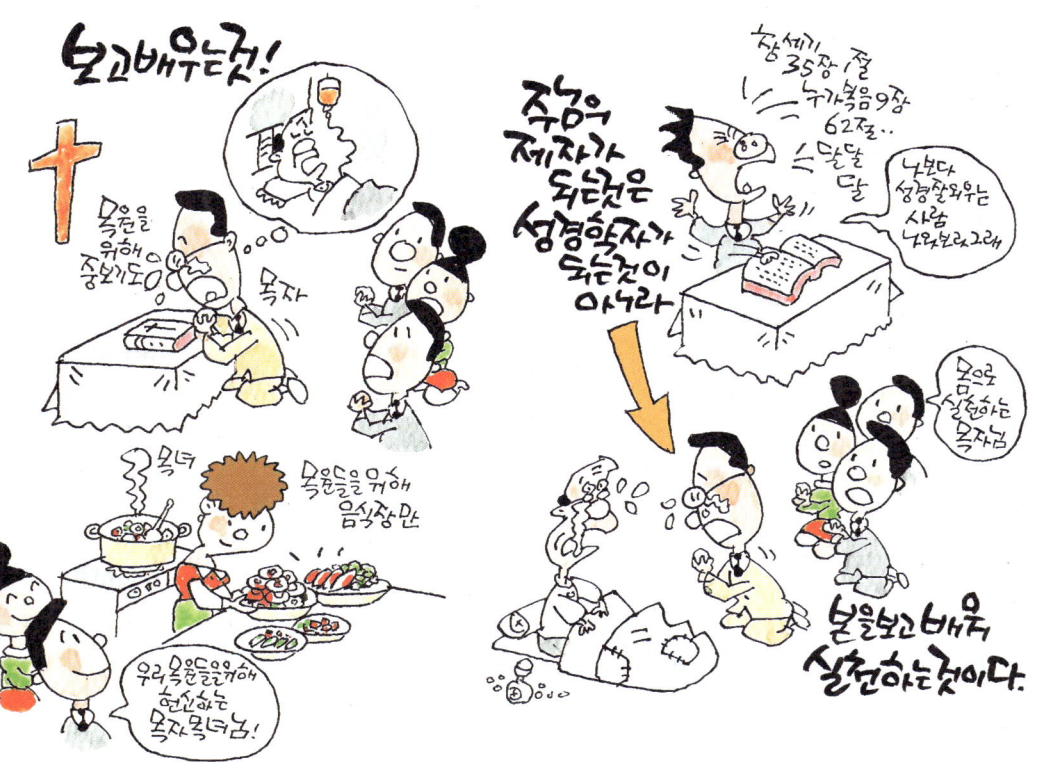

◆ 예수님의 제자훈련 방식(막 3:13-15)
 - 지식 전달보다는 능력 배양
 - 교실 강의보다는 현장 실습
 - 가르쳐서가 아니라 보여서 제자를 만듦

성경적 사역분담

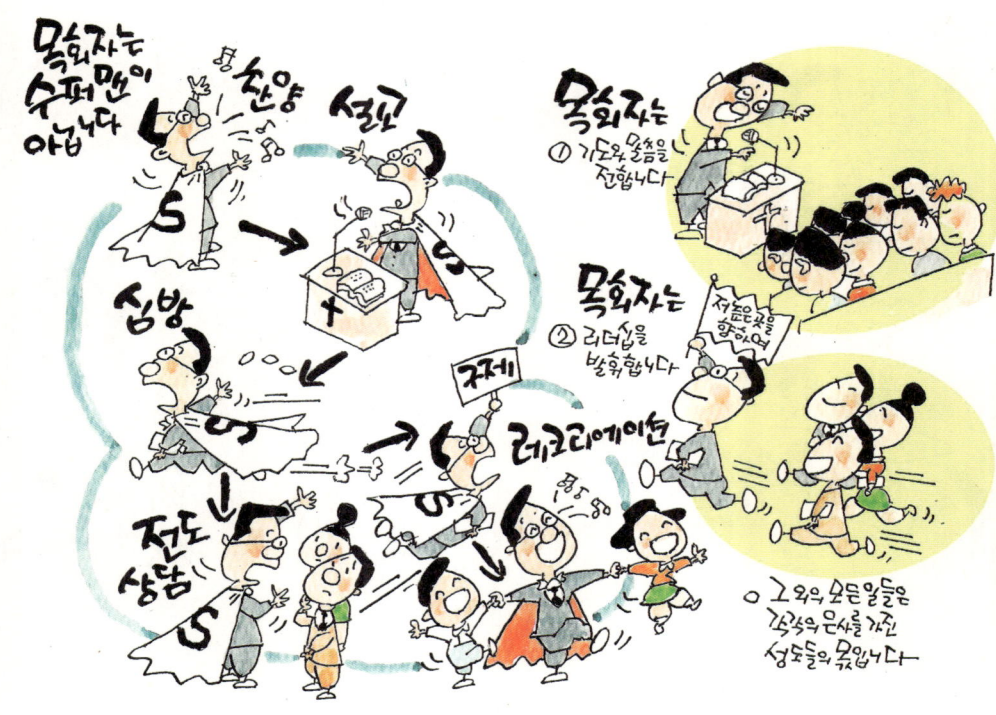

성경적 사역분담

◆ 성경적인 사역 분담(엡 4:11-12)
- 목회자의 사역은 성도들을 준비시키는 것이다.
- 성도의 사역은 목양을 하고 교회를 세우는 것이다.
- 목회자는 성도들을 준비시키는 것 외에 기도하고, 말씀 전하고, 리더십을 발휘한다.

섬김의 힘

종이 되는 리더십

◆ "너희 가운데서 으뜸이 되고자 하는 사람은 너희의 종이 되어야 한다.
  인자는 섬김을 받으러 온 것이 아니라 섬기러 왔으며,
  많은 사람을 위하여 자기 목숨을 몸값으로 치러 주려고 왔다"
  (마태복음 20장 27-28절).

◆ 가정교회의 세 축
- 공동체를 경험하는 목장: 정적인 부분을 만져 준다.
- 체계적인 성경공부: 지적인 부분을 만져 준다.
- 은혜로운 주일예배: 의지적인 부분을 만져 준다.

시대를 초월한 가정교회의 힘

◆ 일반교회에서는 참된 사귐과 모든 사람이
그리스도의 지체가 되는 것이 어렵다. 비신자 전도도 어렵다.
가정교회에서는 따뜻하고 친밀한 관계 속에서
내적 치유가 일어나고, 비신자 전도도 잘 이루어진다.

구역과 가정교회의 다른 점

질서있는 교회, 가정교회

가정교회 부흥의 비결 (1)

② 그 소원을 이룰수있는힘을 성령께서
주시도록 기도하고
꾸준히 전진하여 나가는것

기도목회

기도전진

기도전진

하나님의 소원을 알고있어도
그 소원과 조직을 이끌수있는
에너지가 없다면
아는것 만으로는
승산이없다

가정교회 명칭

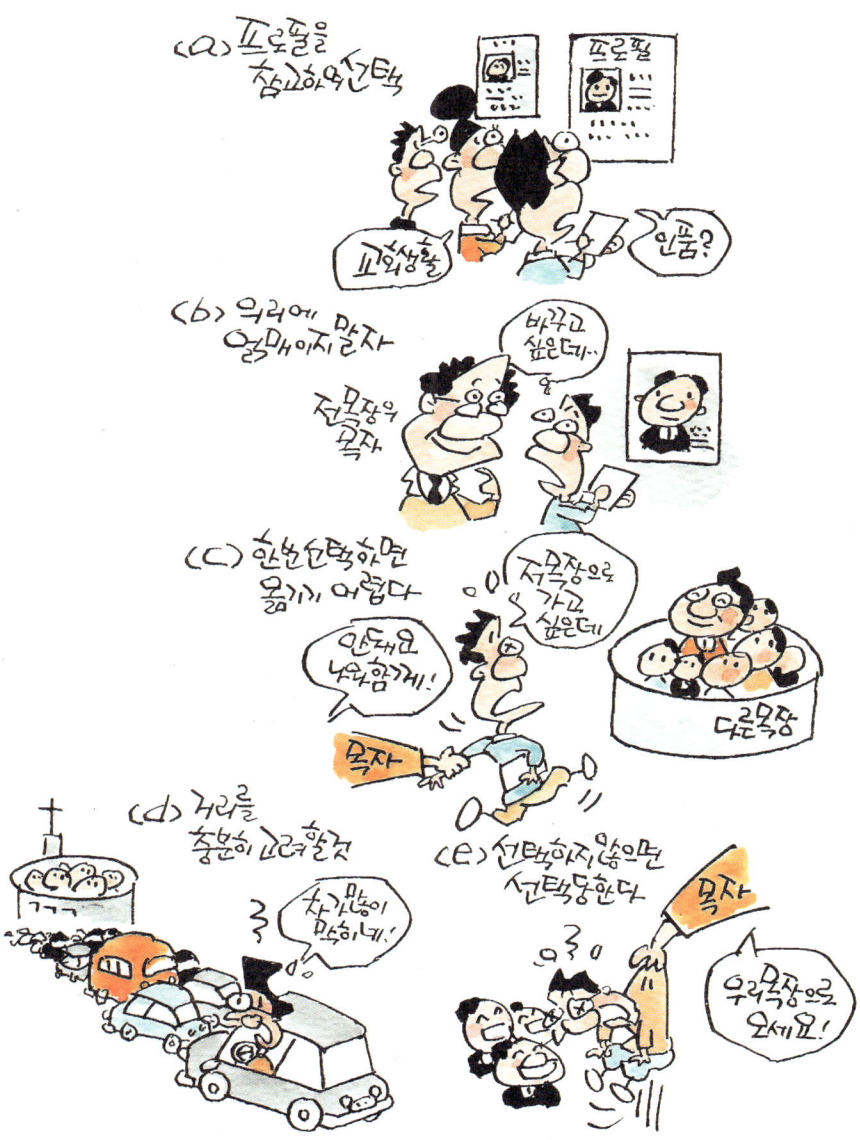

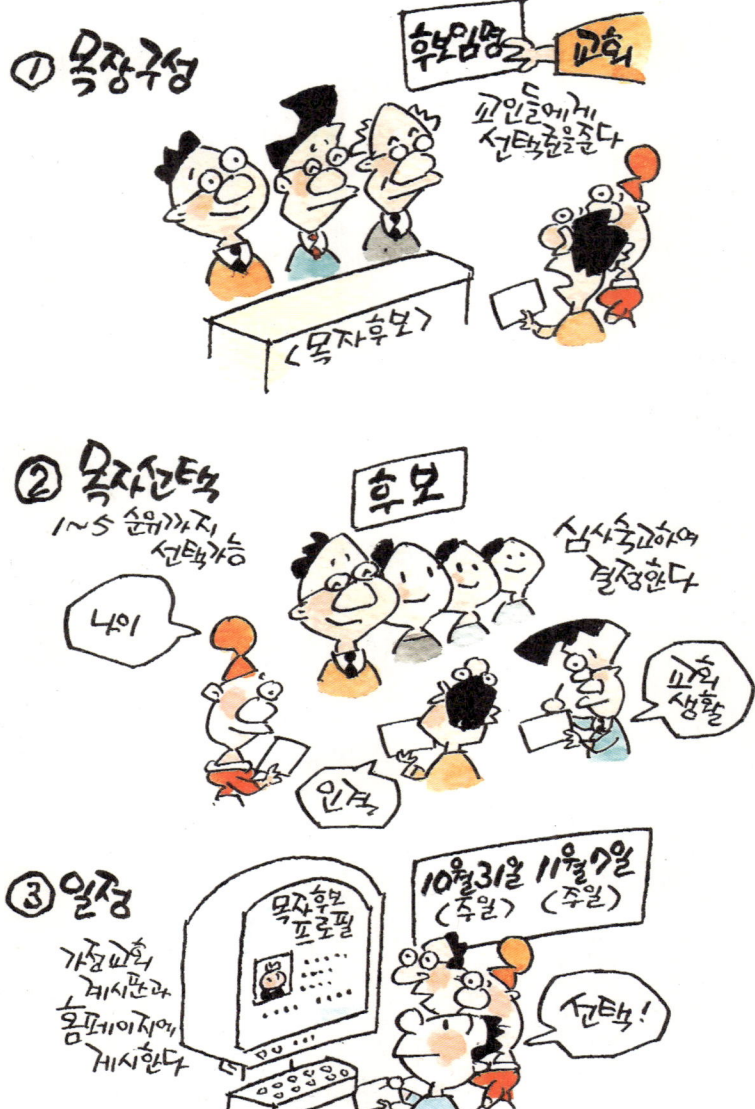

목장이름 짓기

대행목자

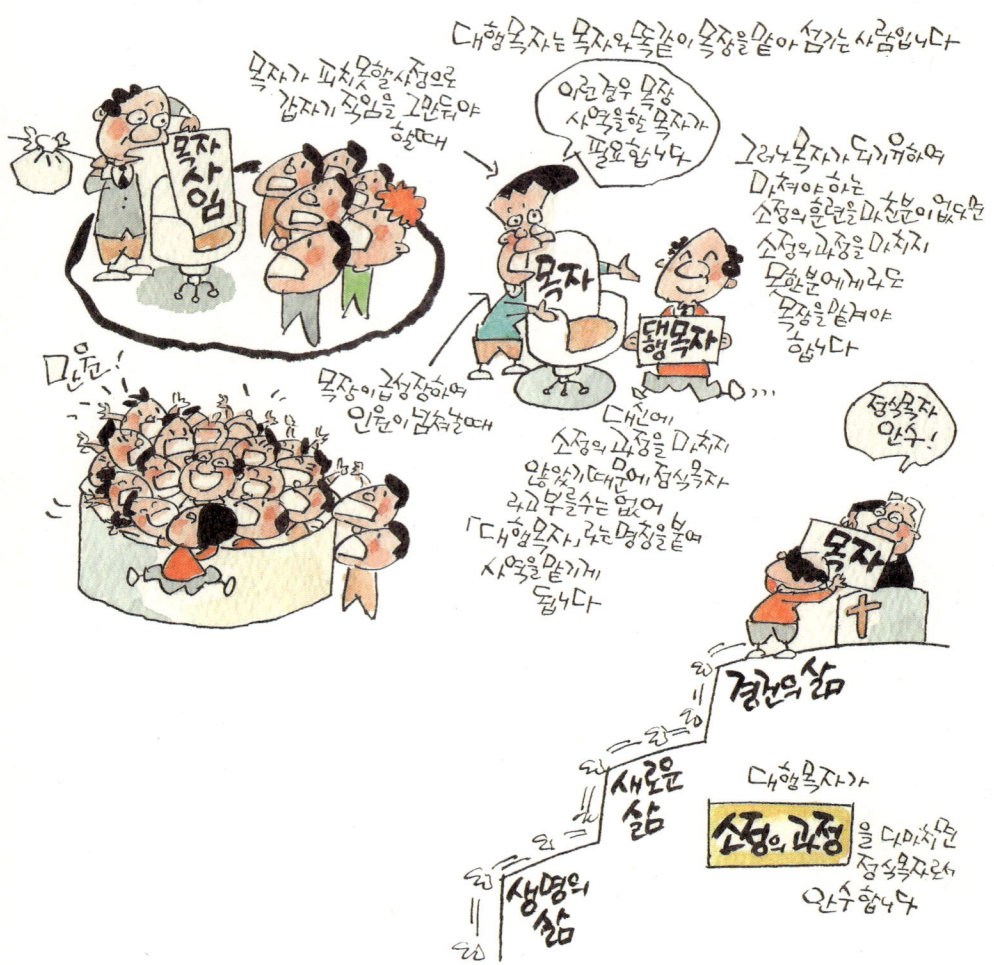

예비목자

가정교회 사역원칙

가정교회는 모든 목원이 사역자 (1) 찬양부장

가정교회는 모든 목원이 사역자 (2) 선교부장

선교후원방법

목장선교지

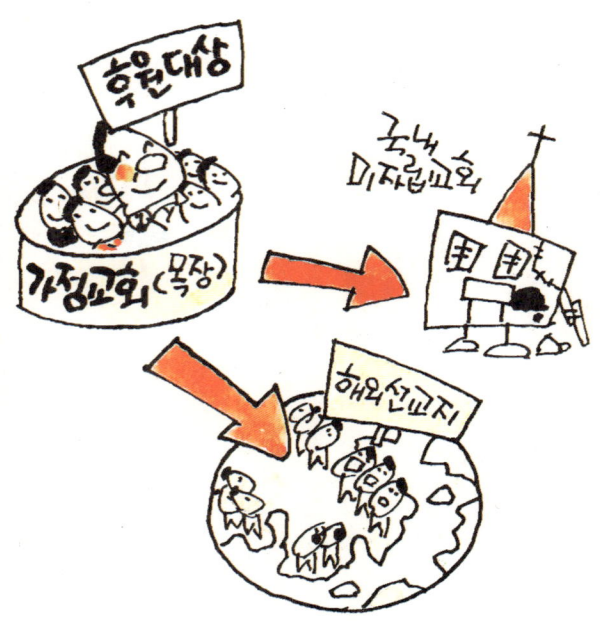

현재 가정교회(목장)는
국내 미자립교회와
해외 선교지를
목장 후원대상으로 삼고있습니다

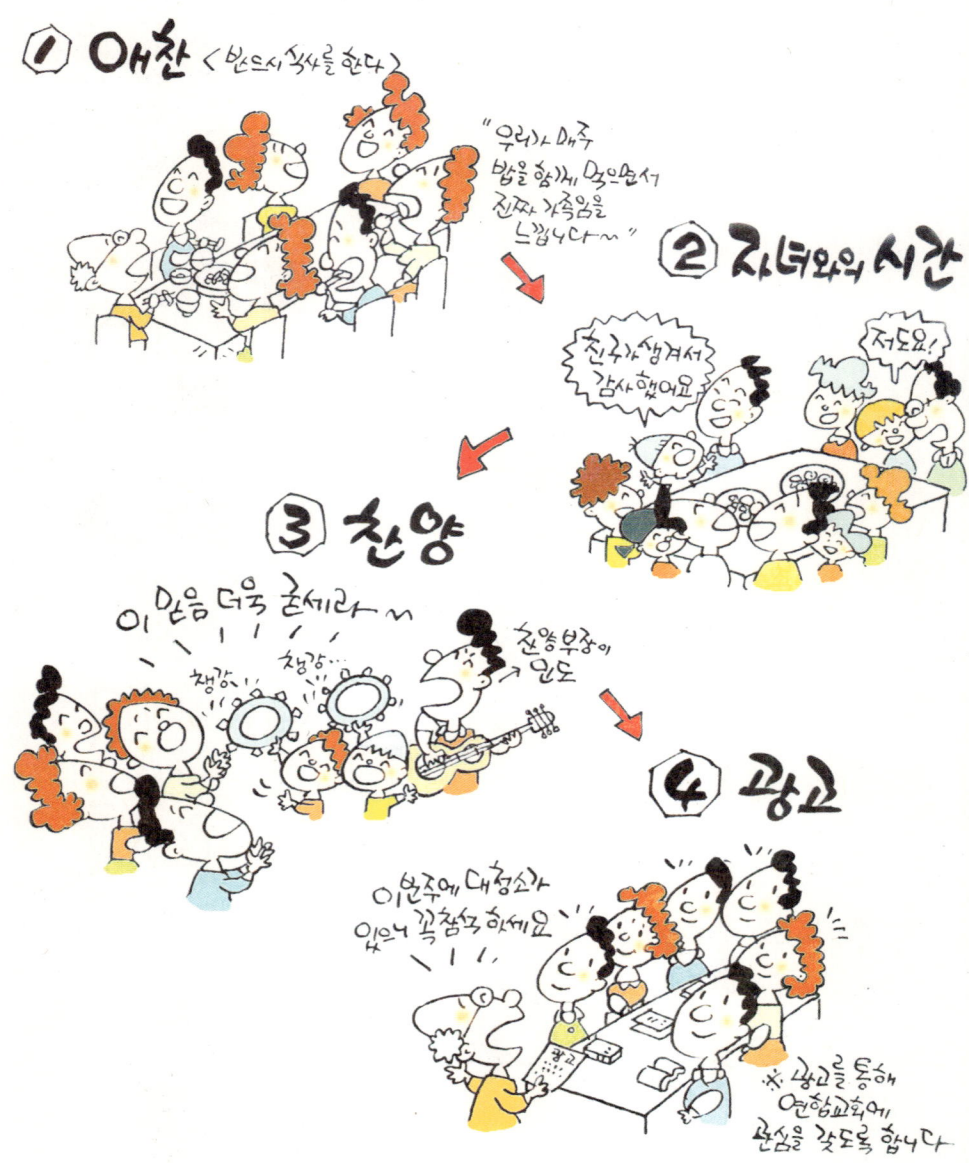

목장모임 식사원칙

자녀와 함께하는 목장모임 (1)

◎ 이스라엘 민족은 어떤 행사나 모임도 거의 모든 성인과 어린이들이 함께 하였습니다

- 죄를 지어서 회개를 할 때
- 하나님의 말씀을 들을 때
- 적군이 전쟁을 일으키는 긴급한 상황에 있을 때
- 하나님의 기적을 어린이들이 어른들과 함께 쳐음 봤고 모든 백성이 다 예배와 감사에 참여했습니다

◆ 자녀에게 신앙을 전수하려면 강요하지 말고 공유해야 합니다.
가정교회는 자녀에게 효과적으로 신앙을 전수해 줍니다.

◎ 이스라엘 민족은 신앙을 자연스럽게 자녀들에게 전달하였습니다

● 목장에서도 어린이들이 부모님과 함께 기도하고 찬양하고 이야기함으로 어른들이 왜 모이는지 또 무엇을 믿는지 알게 하여야 합니다

● 목장에서 나의 자녀가 믿음의 유산을 얻었습니다

자녀와 함께하는 목장모임 (2)

어린이들은 목장모임 초반부에 성인들과 함께합니다. 진지한 나눔등의 시간에는 아이들만의 공간과 시간을 마련해주어야합니다.

잠언 22:6
마땅히 걸어야 할 그 길을
아이에게 가르치라
그러면 늙어서도
그 길을 떠나지 않는다

① 먼저 어른들이 목장에서 어떻게 해야 하는지에 대해서 의논을 하 한마음이 되어야 합니다

② 함께 모이는 시간에 어린이들끼리 앉히지 말고 부모 혹은 한 어른이 한 사람씩 자기 옆에 앉도록 초청

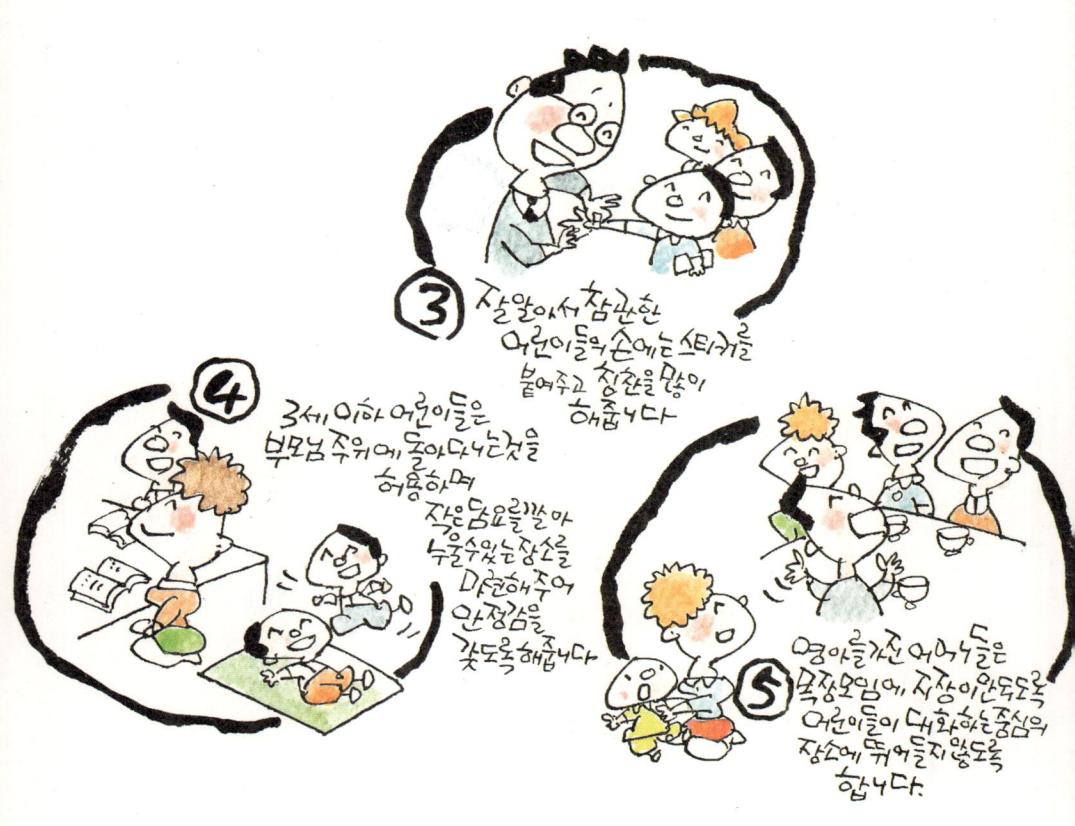

자녀와 함께하는 목장모임 (3)

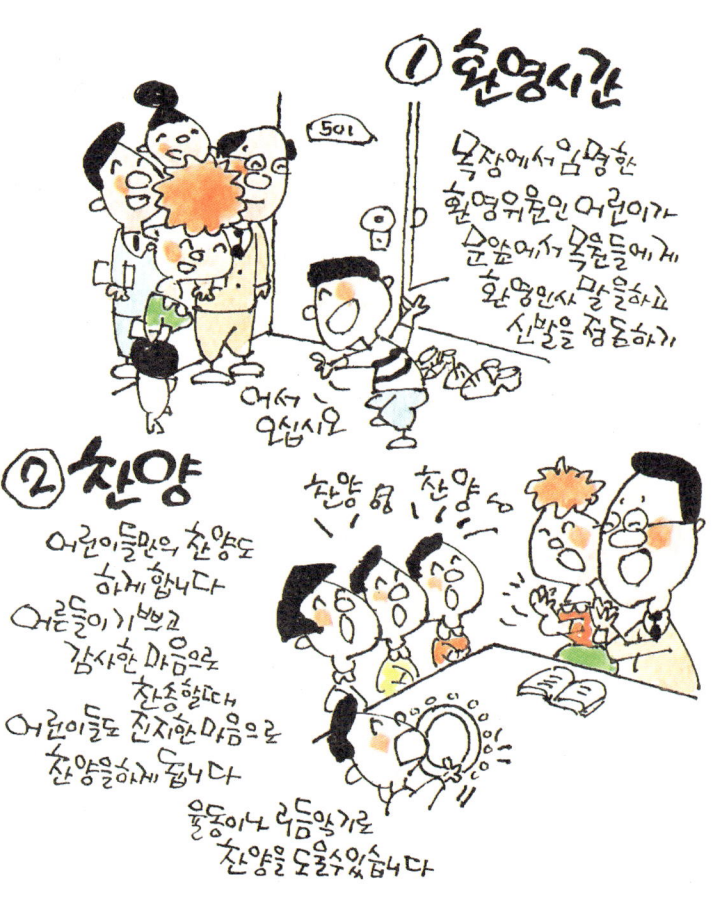

① 환영시간

목장에서 임명한 환영위원인 어린이가 문앞에서 목원들에게 환영인사 말을하고 신발을 정돈하기

② 찬양

어린이들만의 찬양도 하게합니다
어른들이 기쁘고 감사한 마음으로 찬송합니다
어린이들도 진지한 마음으로 찬양을 하게 됩니다
율동이나 리듬악기로 찬양을 도울수있습니다

자녀와 함께하는 목장모임 (4)

목장모임에서 나누어야 할 주제

충고보다는 간증을...

◆ 상담의 핵심은
부끄러움 없이
자신의 문제를 말하고,
비판 없이 들어주는 것입니다.
그래서 목장 모임에서 내적치유가 일어납니다.

내 말을 들어주는 가정교회

비밀을 지켜라!

목장대회비

부부시합 (싸움) 기본규칙

◆ 부부 중 한 사람만 상담해서는 부부 문제를 해결할 수 없습니다.
그래서 부부가 같이 참석하는 목장이 부부 문제 해결에 효과적입니다.

가정교회가 부부회복에 효과적인 이유

목장의 생명이 유지되려면

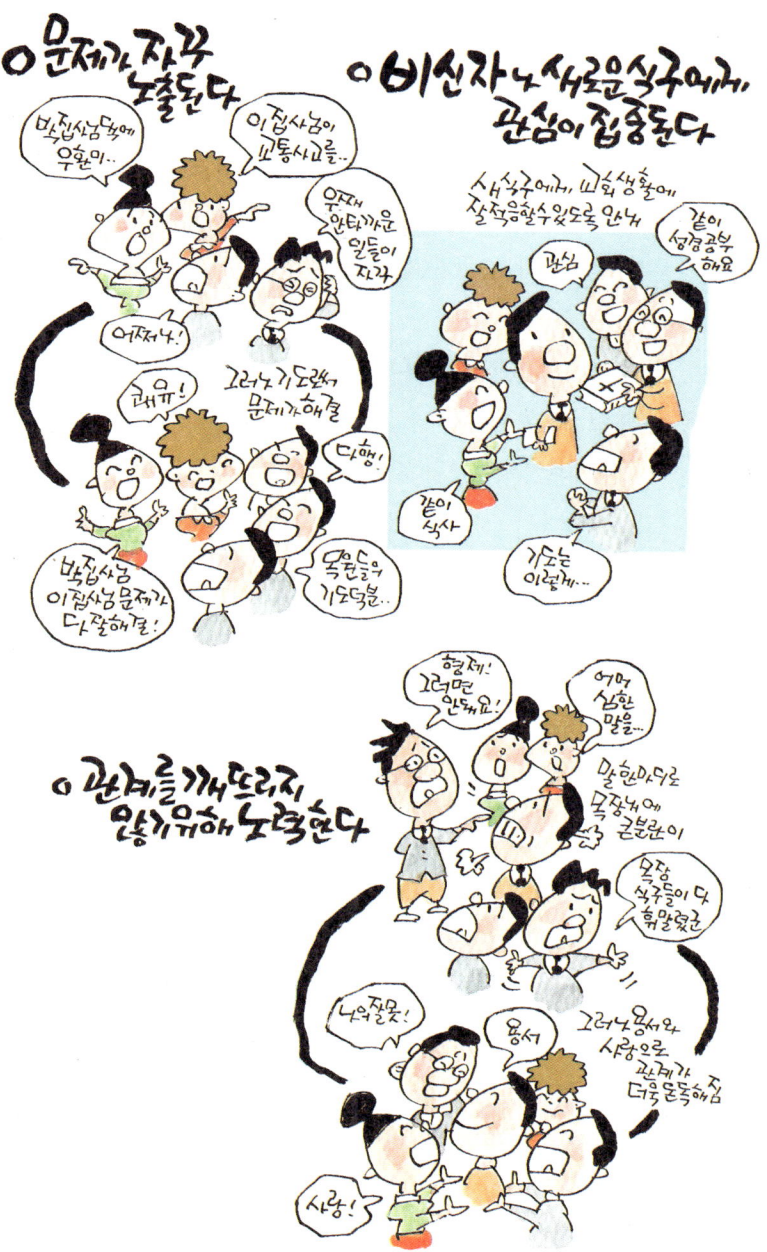

가정교회(목장)의 발전단계

전도하지 않으면 목장은 죽는다

가정교회가 전도에 효과적인 이유

◆ 가정교회에서는 전도가 '분업화'되어 있습니다.

목장에 VIP전도가 꼭 필요한 이유

◆ VIP는 전도대상자를 가리킨다.
　전도대상자가 최고의 대접을 받아야 할 귀한 존재라는 의미를 담고 있다.

VIP 전도방법

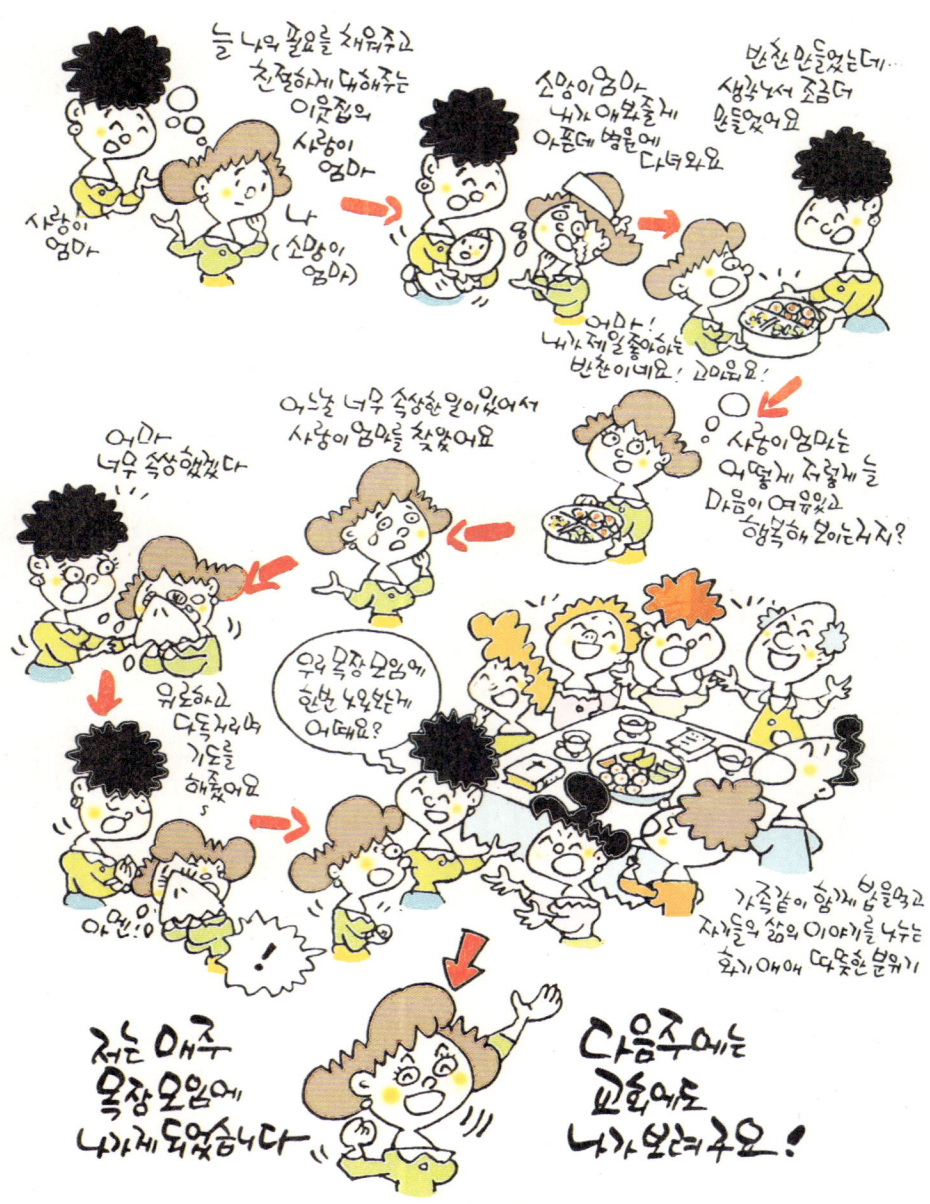

가정교회가 잘 되는 교회는..

조 모임 2

① 조장은 목자들의 선택에 의해 정해질 수도 있고 목회자가 임명할 수도 있다

② 비슷한 연령끼리 있는 것 보다 다양한 연령을 골고루 배치하는 것이 좋다

③ 조장은 매년 돌아가면서 다른 조를 맡을 수도 있다

초원 모임

◆ 목자가 사역을 하다가 지칠 때
  초원모임을 통해 힘을 얻습니다.
  또한 새로 시작한 목자들도
  목장사역의 구체적인 도움을 받습니다.
  초원이 형성되고 숫자가 많아지면 초원을 묶어서
  평원을 만들 수도 있습니다.

초원지기의 목장탐방

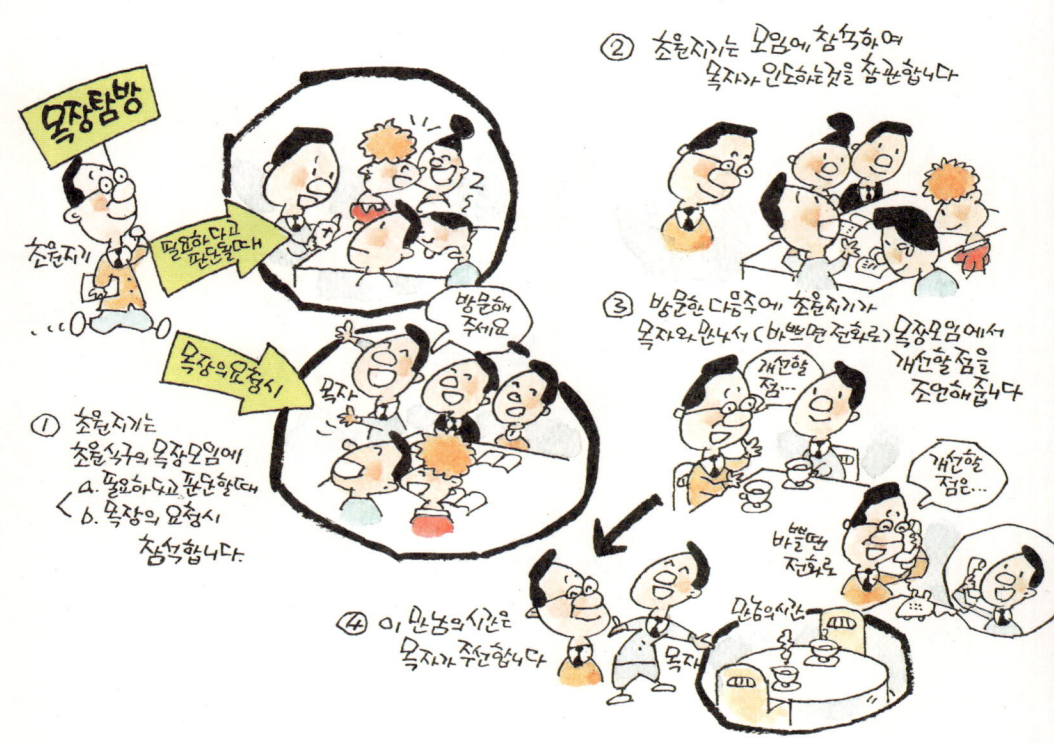

초원지기와 초원모임

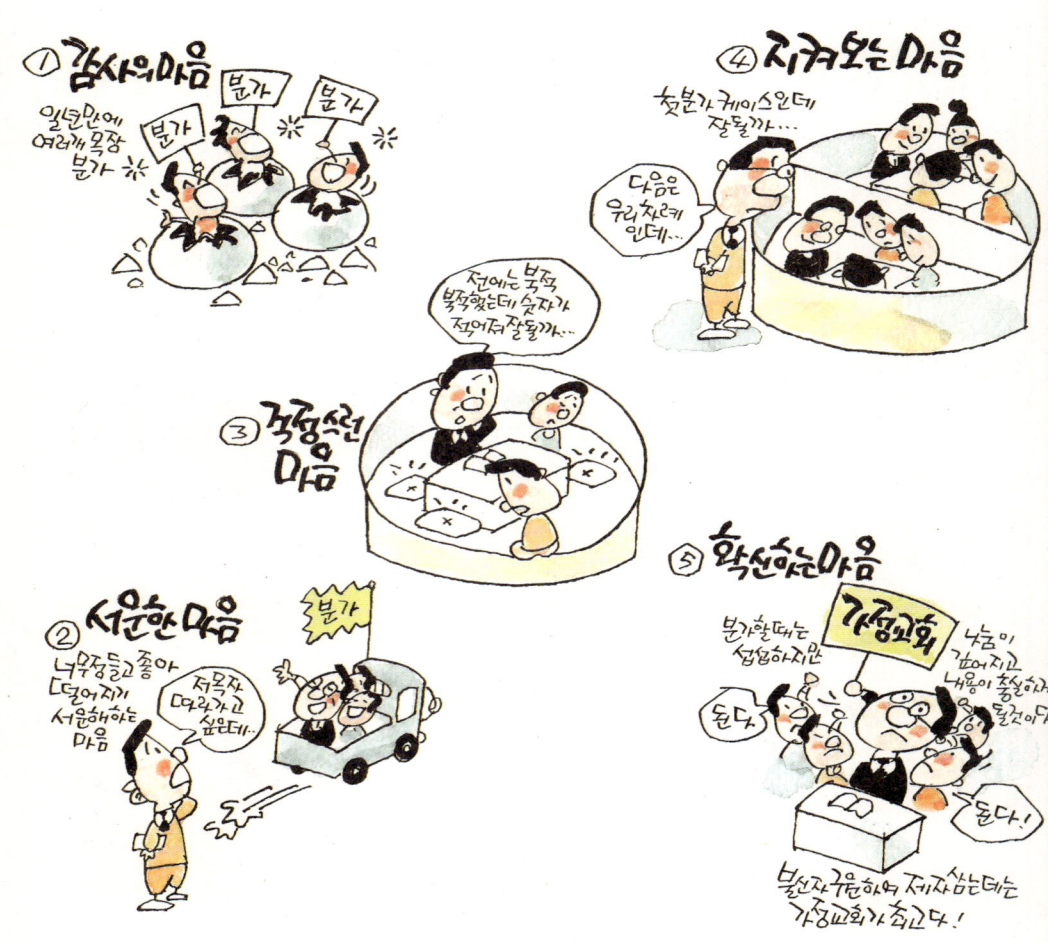

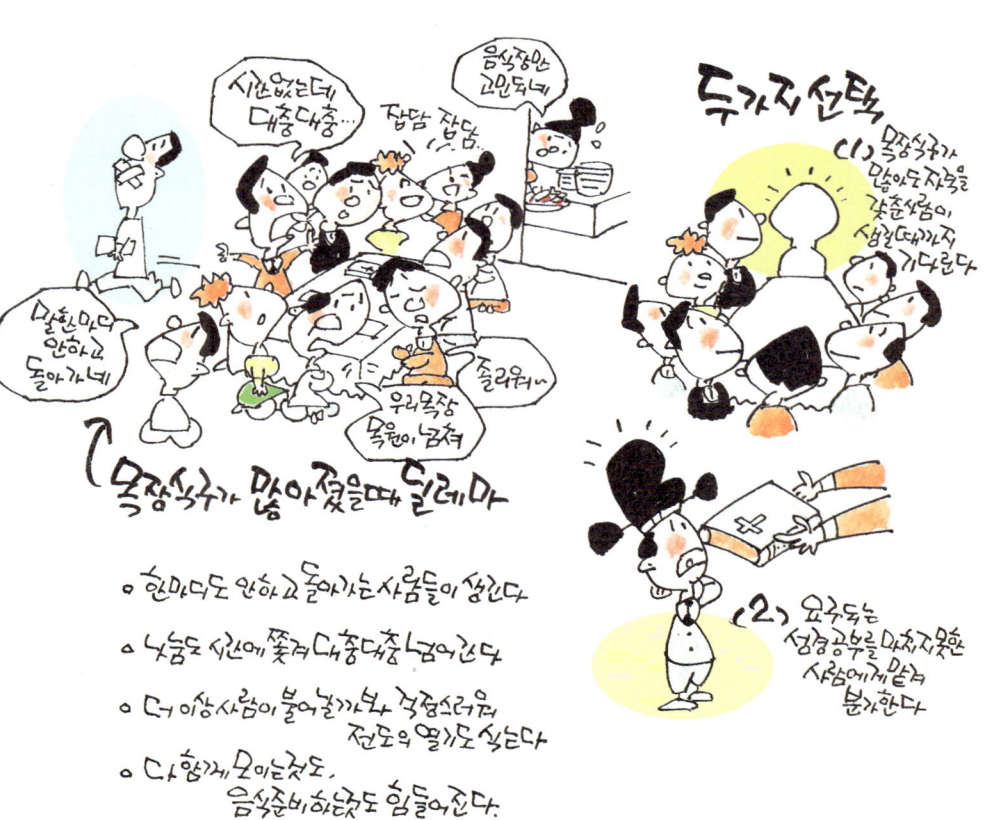

분가(2) 대행목자를 세워서 분가

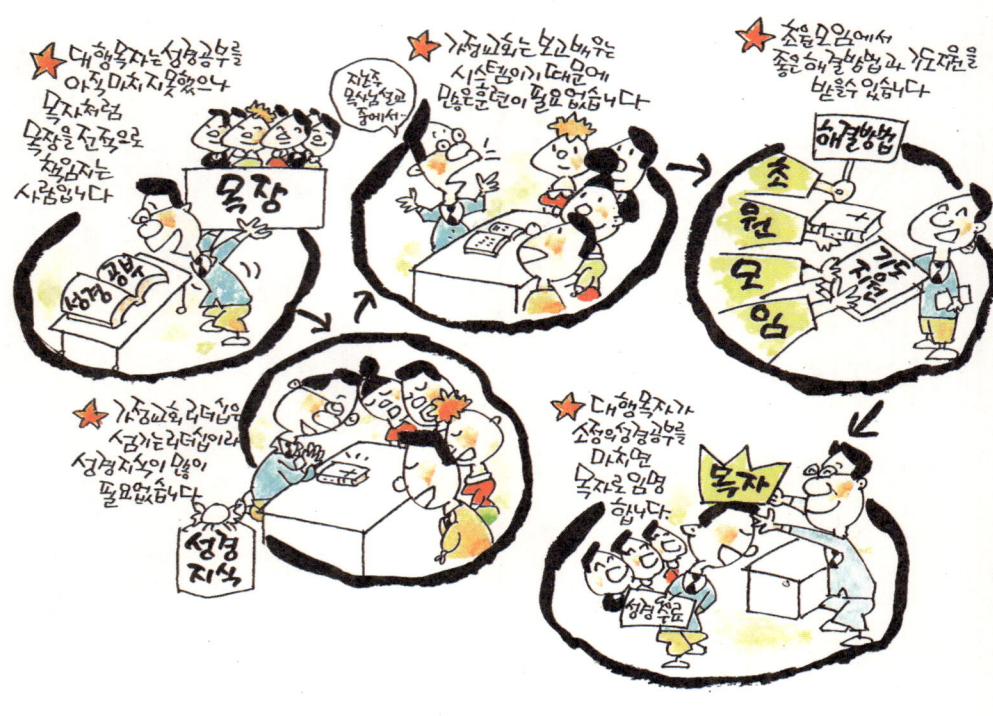

목장과 목장 간의 관계

가정교회의 기둥

가정교회 성경공부 (1)

◆ '생명의 삶'은 가정교회 삶 공부의 첫 단계입니다.
비신자는 예수님을 영접하고,
영접한 사람은 구원의 확신을 얻고,
오래 믿은 사람은 신앙생활의 의문에 대한 답을 얻도록 돕습니다.
또한 성도의 신앙을 신학적으로 체계화시켜 줍니다.

가정교회 성경공부 (2)

경건의 삶

가정교회에서의 일대일 성경공부

가정교회 주요정책 결정방법

부서와 모임의 존재 목적을 재검토하라!

교회의 회원 자격

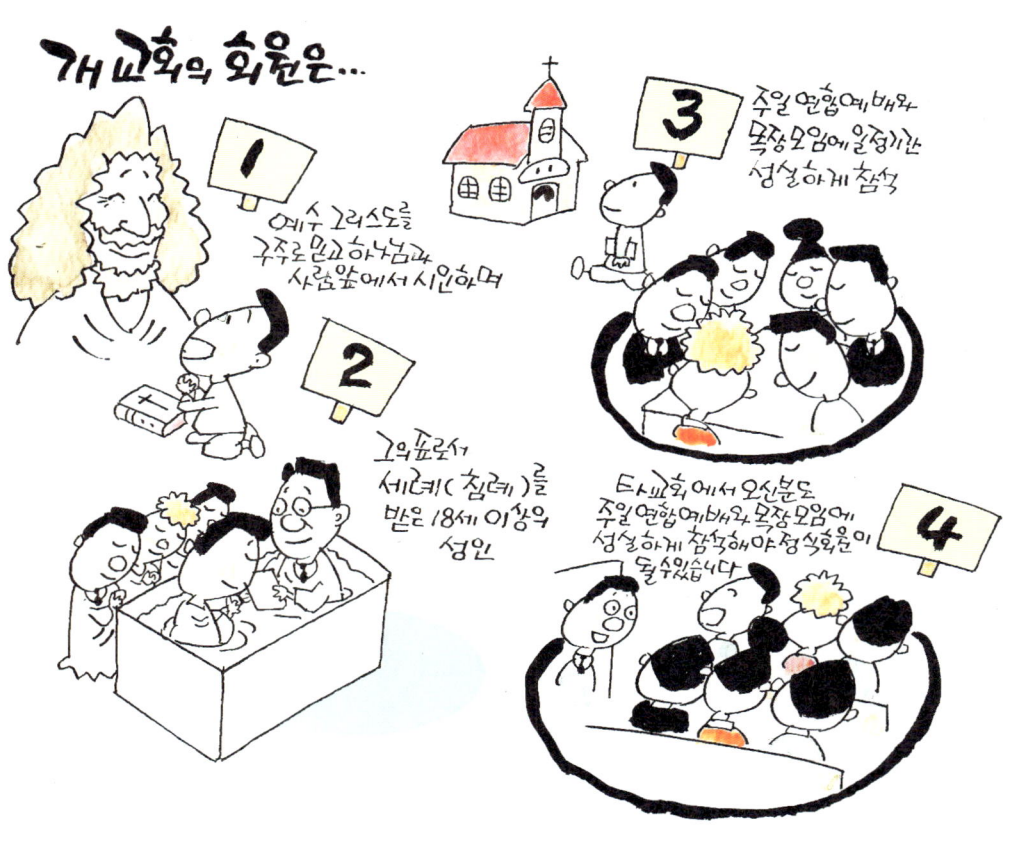

새로 등록한 한가족은 어느 목장으로?

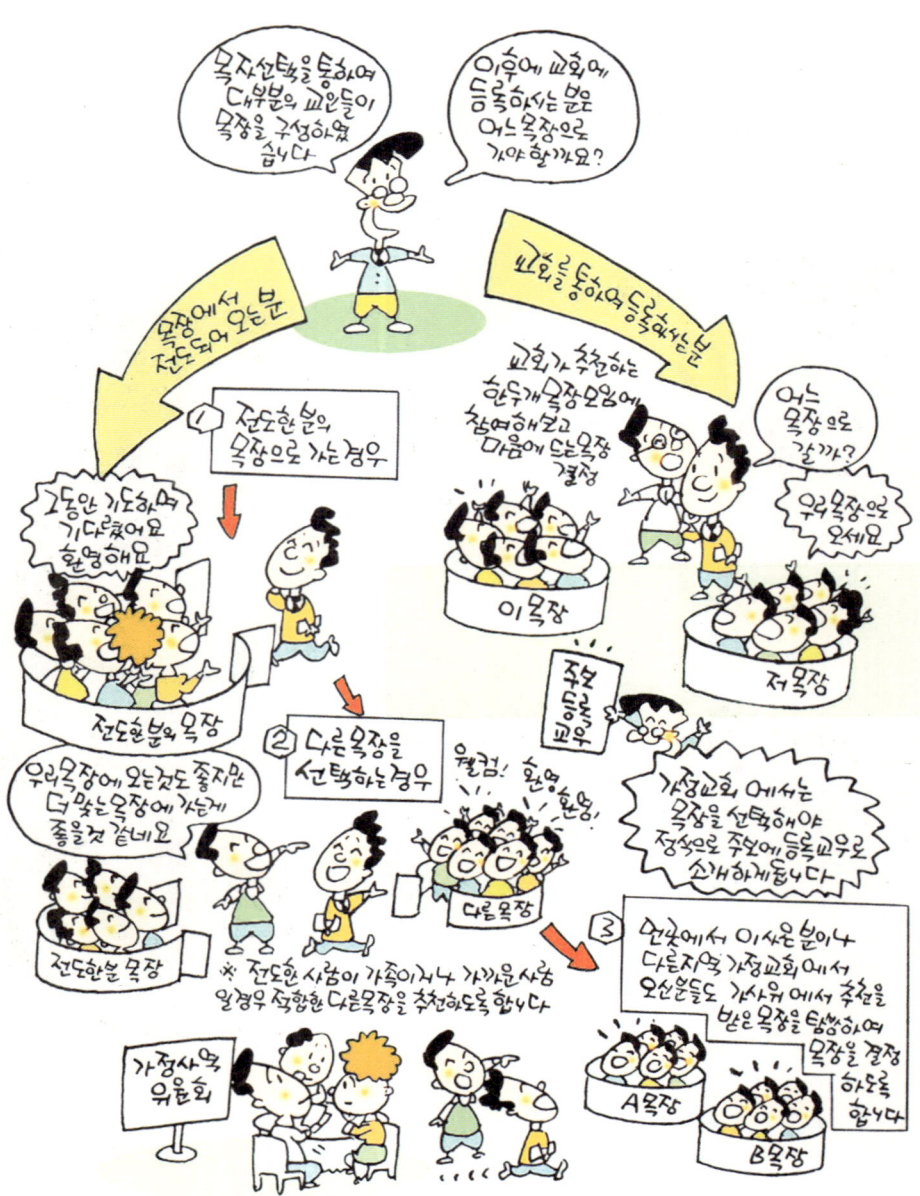

◆ 비신자 전도는 너무나 많은 에너지가 소모되기 때문에, 기신자 등록 거부라는 극약 처방이 없이는 이루어지기 어렵습니다.

목장을 다른 목장으로 옮길수 있나요?

○ 담임목사 방문시 순서 (단, 새로분가한 목장은 정식순서대로)

① 식사

② 찬양 (한두곡만)

③ 기도 (감사기도)
한 문장씩 돌아가면서 기도

④ 감사 (일주일동안의 감사거리) (모두)

⑤ 질문 (교회, 목사님께 외 무엇이든지)
담임목사 내외계

⑥ 축복기도 (담임목사)

※ 끝난후, 이어서 한주간의 삶나눔, 목장중보기도 선교도전, 헌금.

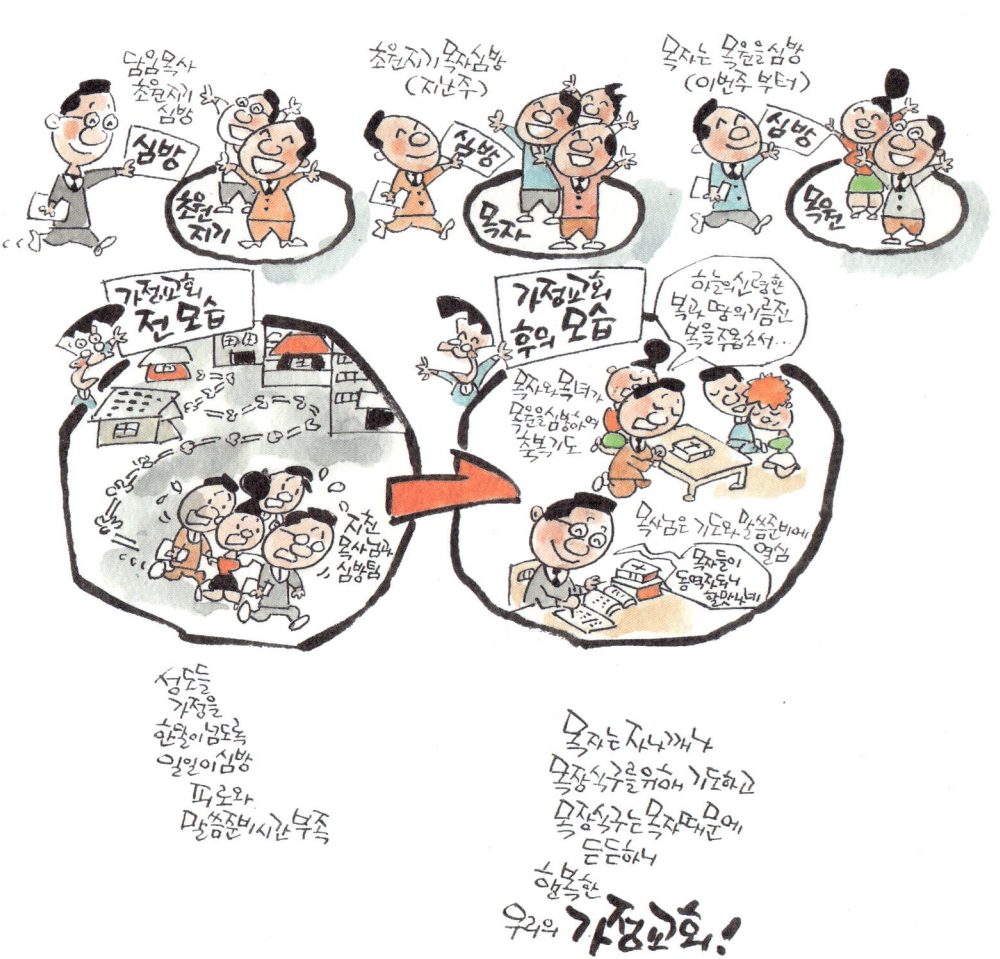

목장식구 축하예배

목장식구들의 돌잔치, 개업예배등의
축하예배는 소속 목자가 인도합니다
이때 말씀은 간증설교로 목자가 합니다
대표기도는
초원지기 또는 다른목자가
합니다
담임목사는 마지막에
축복기도를 함으로
예배를 마칩니다

간증할 때 이것은 명심하세요

◆ 간증은 하나님을 자랑하는 것입니다.
  간증은 예배를 풍성하게 합니다.

<간증하는 교회> 참된 제자가 만들어지는 교회에는 간증이 많습니다

간증준비는 이렇게

비신자와 새신자의 관점에서 생각하자!

가정교회의 대표기도

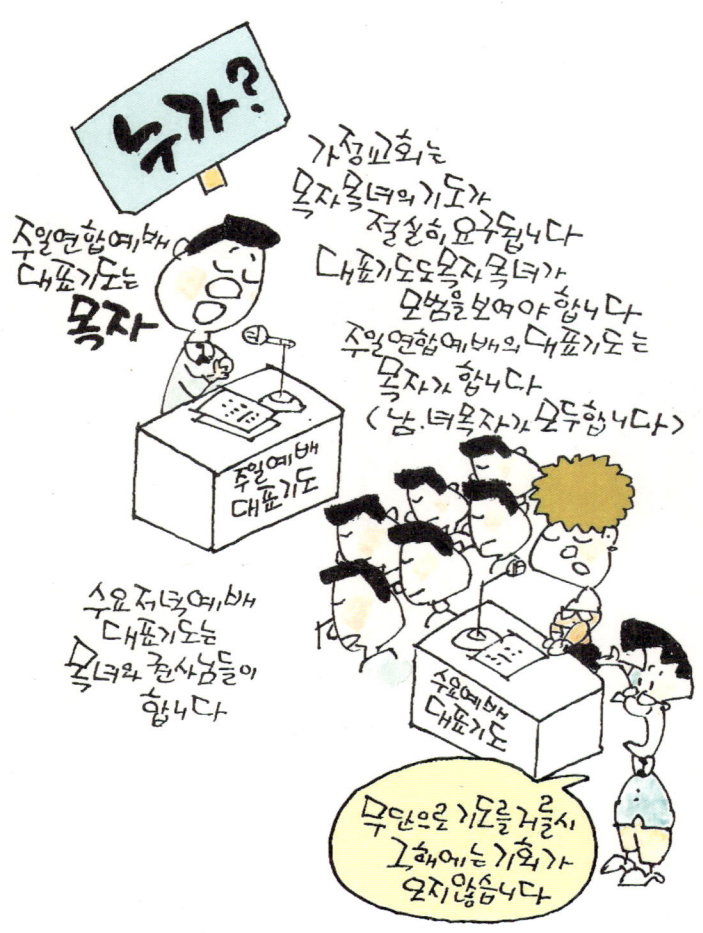

주일연합예배를 위해 집중기도한다

◆ 하나님의 뜻대로 살려는 성도의 의지와 하나님의 임재를 간구하는 기도 없이는 예배가 은혜로울 수 없습니다.

세 겹줄 기도회

◆ 세 겹줄 기도는 가정교회 문화 중의 하나입니다.

세겹줄 기도회

세 겹줄 기도의 효과

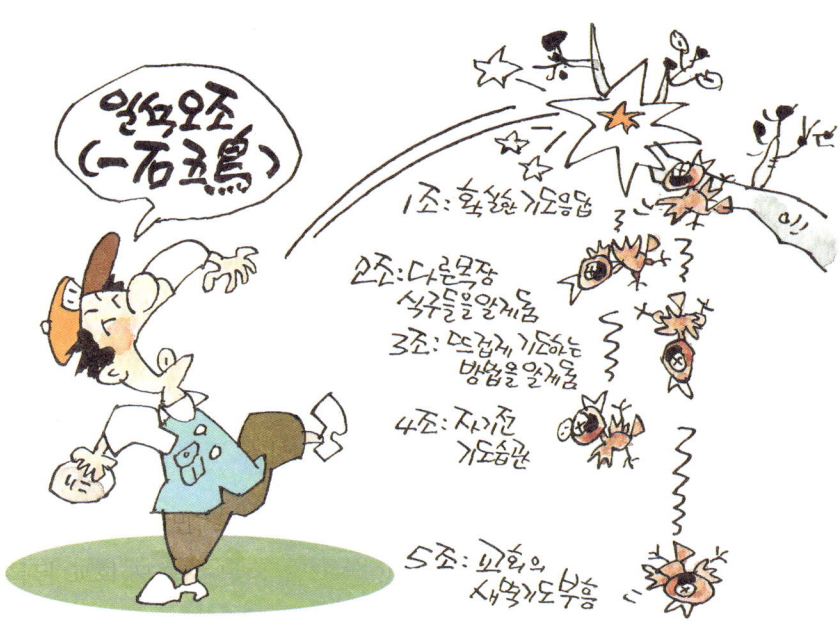

허그식

◆ 허그식도 가정교회 문화 중의 하나입니다.

허그식

허그식은 비신자가 예수님 영접, 세례(침례), 생명의 삶 공부를 마쳤을때 목장식구들이 주일예배시간에 꽃을 전달하고 포옹으로 축하해주는 행사입니다.

한 사람의 VIP를 전도해서 / 만쨌 습니다

성경공부를 통해 하나님에 대해서 알고… / 축하! / 허그식 / 좋아! / 드디어 목장식구들과 한마음!

헌신대

목자 안수

가정교회(목장) 여름방학에 관한 원칙

목회칼럼

가정교회 360

◆ 교회 행정은 윤활유와 같습니다.
　행정이 잘 이루어져야 교회가 원활하게 돌아갑니다.
　360은 국제 가사원에서 개발한 행정 프로그램입니다.

목장의 장래는 우리 손으로!

목자는 언제까지 하나요?

목자·목녀 은퇴?

가정교회로 전환하려면 위기의식 부터...

마음을 비우는 목회자

담임목사는 가정교회의 견인차

◆ 가정교회의 성패 여부는 담임목사가 얼마나 가정교회의 성경적인 원칙에 젖어 있느냐에 달려 있습니다.

영향력 있는 사람들을 설득하라
⟨전통교회를 가정교회로 전환하기 위하여…⟩

가정교회 성급함은 금물

모방후, 창조적 발전

가정교회 정착 실패요인

◆ 가정교회로 전환하기 전
　목회자는 '목회자를 위한 가정교회 세미나'에
　참석하여 가정교회에 대해 확신을 갖고,
　교회 리더들을 '평신도를 위한 가정교회 세미나'에
　참석시켜서 가정교회를 세우는 일꾼으로 준비시켜야 합니다.